3
155. A

DE L'ÉGYPTE

ET

DE L'INTERVENTION EUROPÉENNE

DANS LES AFFAIRES D'ORIENT

PAR

A. SAKAKINI,

TRADUCTEUR AU SERVICE DE S. A. LE VICE-ROI D'ÉGYPTE.

Deuxième Édition.

PARIS

HENRI DUPUY, IMPRIMEUR-ÉDITEUR,
RUE DE LA MONNAIE, N. 11.

DÉNAIN ET DELAMARE, ÉDITEURS
de l'Histoire de l'Expédition française en Égypte,
RUE VIVIENNE, N. 16.

1832

DE L'ÉGYPTE

ET

DE L'INTERVENTION EUROPÉENNE

DANS LES AFFAIRES D'ORIENT.

S'il est un spectacle digne d'intérêt, c'est celui de l'Égypte secouant les langes de la barbarie, et faisant luire dans l'Orient le flambeau de la civilisation. Jamais plus noble entreprise ne fut suivie avec tant de sagesse et de courage. Quel qu'en soit le succès, elle placera le nom de Méhémet-Ali parmi ceux des bienfaiteurs de l'humanité.

Mais ce succès, la France et l'Angleterre peuvent désormais l'assurer. Leur rang dans l'Europe fait, à toutes deux, un devoir d'aider à cet immense progrès. En protégeant une aussi sainte cause, des nations libres rendront hommages aux principes mêmes de leur existence. Et cette générosité ne restera pas sans récompense; car de quelque façon qu'on les entende, les intérêts politiques sont ici ceux de l'humanité.

J'essaierai de dire, en ce peu de pages, quelle est la situation de l'Égypte; ce que le Vice-Roi peut faire, et ce qu'on doit faire pour lui.

Avant tout, il est nécessaire de réfuter les objections de quelques personnes dont la bonne foi est douteuse. S'il fallait les croire, l'antique institutrice de l'Europe serait maintenant *incivilisable*, et l'islamisme ferait obstacle à toute améliora-tion. Pour répondre, il suffit de rappeler ce qu'ont été les Musulmans durant tant de siècles : Bagdad et le Caire, centre des sciences et des lettres ; les Osmanlis opposant aux bandes indisciplinées de la chrétienté la plus puissante organisation militaire ; et l'Espagne, enrichie, éclairée par les Arabes, offrant des modèles de sociabilité et d'industrie, lorsque tout l'Occident était encore plongé dans les ténèbres. Non, l'isla-misme n'est pas incompatible avec la civilisation ; cette religion qui proclama l'égalité, qui ennoblit la destinée des hommes et en fit des frères ; cette religion qui fut pour tant de peuples une réforme salutaire, et qui n'empêcha point ses sectateurs de s'illustrer dans toutes les branches de connaissances, ne saurait leur interdire d'y revenir. Le fanatisme seul qui prend l'exaltation pour de la force d'ame, et l'intolérance pour de la loi, peut fomenter les préjugés, semer les haines et les divi-sions. Mais en Égypte, aujourd'hui, les ministres de la reli-gion sont aussi recommandables par leur tolérance que par leurs lumières ; ils connaissent l'esprit de la loi, l'interprètent sagement, et savent seconder les vues d'un prince civilisateur.

Cette chimère écartée, il reste un fait qu'on ne saurait trop redire : c'est l'aptitude des Arabes à toutes les sciences et à tous les arts. Leur intelligence, leur pénétration, une imagination vive et hardie rendent facile chez eux ce qui pour d'autres peuples serait hérissé de difficultés. Loin de repousser la lu-mière, ils l'appellent, dès qu'un rayon a pu luire à leurs yeux.

Tous ceux qui ont confiance dans le progrès augurent bien de l'avenir de l'Egypte. Mais d'autres disent que la civilisation ne sau-rait avancer sous la dictature du Vice-Roi. Ces esprits peu judi-cieux réclament l'affranchissement actuel des Egyptiens, sans examiner s'ils sont capables de connaître la liberté et d'en faire usage. Ce présent serait funeste, et dans l'état des choses, rien n'est possible sans l'exercice de l'autorité la plus énergique.

Méhémet-Ali fait ce qu'il est humainement possible de faire : tout en conservant l'unité et la centralisation indispensables, il établit des conseils, des comités qui ne statuent sur les affaires qu'après mûre délibération. Chaque jour il limite lui-même son pouvoir ; il n'en délègue l'exercice qu'avec les restrictions et les formes prescrites par la raison et la justice. Dans les affaires de ce monde, on doit se résoudre à subir certaines nécessités, à se résigner sur quelques lenteurs ; et si la liberté est un bienfait, la prudence doit surtout en assurer le règne.

Déjà Méhémet-Ali a proclamé l'égalité, base de toute vraie liberté et de toute organisation sociale. Sur les rives du Nil, plus de privilèges pour des races, des castes ou des croyances. Tolérance universelle, protection pour tous, égale répartition de l'impôt, telle est la règle du Vice-Roi ; et en cela il est plus avancé que bien des Etats de la vieille Europe.

L'arbitraire a disparu dans l'application des peines, et personne n'en peut subir aucune sans un jugement solennel. On s'applique à prévenir pour avoir moins à réprimer ; nulle sentence de mort n'est exécutée sans l'autorisation du Vice-Roi ; surtout, la pénalité est efficace au lieu d'être atroce comme autrefois. Un système rationnel s'élabore, et l'Egypte ne connaîtra pas ces hideux produits d'une législation barbare qui affligent encore les yeux du philosophe dans les trois quarts de la chrétienté. Quelques mensonges publiés sur ce sujet tendraient à faire croire que le pays est toujours sous la loi du bâton, de la corde et du pal. Il y a des hypocrites de philanthropie comme de faux dévots ; les gens qui ont répandu ces faussetés sont précisément ceux qui montrent, dans leur sphère, le plus de rigueur et de cruauté.

Enfin, sous prétexte que le maintien de l'esclavage est une infraction aux lois divines, on a osé comparer celui qui existe en Egypte avec les résultats de la traite des nègres. Sans m'arrêter à démontrer qu'il n'est pas possible encore d'extirper l'esclavage, je ferai voir en peu de mots l'énorme différence des deux choses qu'on a comparées : la *traite* provoque, sur les côtes d'Afrique, la guerre et le pillage; on entasse les malheureux esclaves sur des vaisseaux où une partie périt misérablement, pour les jeter ensuite aux Américains qui les courbent sous le fouet comme des bêtes de somme, et les soumettent aux travaux les plus durs, sans espoir, sans compensation. Au contraire, les noirs amenés en Egypte étaient esclaves dans leur pays; leur sort est amélioré par la translation, car presque tous deviennent domestiques, et sont traités avec cette douceur patriarchale qui caractérise le Musulman dans son intérieur. Un grand nombre finit par être affranchi. Ceux qui entrent au service y sont traités comme les autres soldats, et obtiennent le même avancement.

En examinant la situation actuelle de l'Egypte, et ce qu'elle était sous les Mamelouks, on jugera qui l'emporte du gouvernement du Vice-Roi ou de l'anarchie sanglante que perpétuaient ces enfans du Caucase. Passant de la servilité au despotisme le plus effréné; corrompus par des vices infâmes; sans famille, sans patrie, leur joug était avilissant, leur domination épuisante. Et en délivrant le pays de cette milice dévastatrice, Méhémet-Ali l'a sauvé d'une ruine totale.

Sans doute la population ne s'est point accrue en proportion du développement de l'agriculture. Et ce n'est pas ce qui doit surprendre : c'est que l'Egypte ait pu soutenir tant de guerres en Arabie, en Afrique, en Morée; guerres que les partisans de la Porte-Ottomane n'ont pas craint d'imputer à l'ambition, tandis qu'elles ont été entreprises essentiellement pour la défense de l'Empire, dont Méhémet a toujours été l'appui. Aujourd'hui les moyens de subsistance augmentent de telle sorte, l'ordre et la sécurité sont si bien établis, que la population s'en ressentira en peu de temps. Chaque jour les progrès de la vaccine, les saines pratiques de l'hygiène enlèvent à la mort quelques victimes; et l'accueil fait aux étrangers concourt puissamment aussi à ce grand intérêt.

Une cause de prospérité pour le pays, c'est que son avenir n'est pas grevé par des emprunts, ni ses revenus employés à

éleverdes fortunes scandaleuses,ou à entretenir un luxe stérile.
Tout se dépense, sans doute; mais les dépenses sont produc-
tives; mais les travaux publics, les établissemens, les moyens
de communication sont autant de sources abondantes dont les
eaux fertiliseront le sol, comme celles du Nil. Cela vaut mieux
que de thésauriser. Les millions entassés dans la Casauba n'ont
pas sauvé le dey d'Alger.

Ce qui caractérise particulièrement le Vice-Roi, c'est la mesure, le tact, la prudence et une persévérance inébranlable,
sans laquelle les grandes choses ne s'accomplissent point. Sous
tous les rapports, Méhémet-Ali s'est montré plus judicieux
que le divan de Constantinople. Car on n'opère pas des ré-
formes en un jour : il ne suffit pas de renverser ce qui est vi-
cieux, d'imposer des noms nouveaux et de copier des unifor-
mes. Pour cette tâche il faut sans doute une main vigoureuse,
une volonté ferme ; mais une tête froide, un esprit éclairé sont
également nécessaires. Ainsi, la Porte-Ottomane, en cherchant
à former une armée et une marine, n'a pas vu que d'abord il
fallait créer des finances; et que pour un gouvernement qui
vit de tributs incertains, d'exactions, et qui livre l'exploitation
de ses revenus à des sangsues publiques, il n'y a aucune organisation militaire possible. Méhémet-Ali a procédé plus sagement : sitôt entré dans la voie des institutions européennes,
conséquent avec lui-même, il a adopté les moyens en même
temps que la fin ; il y a tout fait converger, et n'a point re-
culé devant l'application des principes, une fois adoptés.

Le Divan, plein de préjugés et de jalousies, n'a pu maîtriser
ce fanatisme sauvage qui règne à Constantinople, comme au
fond des provinces les plus reculées. Méhémet-Ali, au contraire, a su s'affranchir d'une telle influence; tout en ména-
geant les superstitions, comme des maladies dont la guérison
exige du temps, il n'a pas souffert qu'elles fissent la loi. Il sait
que le fatalisme absolu ne vient ni de Dieu ni du Prophète, et
qu'avec ce dogme toute société, tout gouvernement serait im-
possible. Enfin les Ulémas se sont montrés dirigés par la véri-

table lumière, et tout a marché vers le but du Vice-Roi, qui est en définitive le triomphe de la religion et de la raison.

—

Je n'entreprendrai de retracer ici ni l'histoire du Vice-Roi et de ses travaux, ni celle des entreprises où son fils a déployé les talens d'un guerrier consommé. Des livres, des journaux, des biographies ont narré ce que je pourrais à peine esquisser ; et d'ailleurs, tout en ne disant que la vérité, je serais peut-être taxé de flatterie envers des princes fort au-dessus de mes louanges. Je me bornerai donc à quelques détails qu'il me semble opportun de rappeler ou de faire connaître.

Méhémet-Ali, que son génie a élevé au-dessus de la foule des puissans de son siècle, est né en Macédoine, d'une famille distinguée, il y a soixante-trois ans. Enfant lorsqu'il perdit son père, et élevé chez le gouverneur de Cavala, il manifesta de bonne heure une grande bravoure et une rare sagacité.

Un Français établi dans le pays avait témoigné à Méhé-met-Ali une vive affection, et rendu des services à Tossoun-Aga, son oncle, mort victime d'une infâme trahison. Bien des années s'étaient écoulées lorsque Méhémet-Ali apprit que ce Français était à Marseille, et dans une situation peu heureuse. Il lui fit offrir, en Egypte, une retraite honorable ; mais le vieux négociant mourut au moment de s'embarquer. Les bien-faits du Pacha vinrent trouver sa famille, et furent du moins pour elle une consolation. Ce fait et une foule d'autres prou-vent que la reconnaissance, vertu rare dans une haute fortune, est celle de Méhémet-Ali. Tous ceux qui l'approchent savent combien il est sensible aux charmes de l'amitié, et quels atta-chemens sincères il a su inspirer.

Etant encore très-jeune, il dut son premier emploi militaire a un trait dont se fût honoré un capitaine expérimenté. Envoyé en Egypte lors de l'expédition de Bonaparte, il se distingua par sa valeur et son intelligence. Dans l'affaire de Rahmaniéh surtout, il fit des prodiges, et fut promu à un commandement supérieur. Il gagna la confiance des soldats, et après la retraite de l'armée française, il combattit avec succès les Mameloucks qui voulaient régner de nouveau. Sa renommée grandit et excita la jalousie des Pachas qui lui firent envoyer un ordre de rappel. Mais d'un commun accord les troupes, le peuple, les chéïks, les ulémas réclamèrent; le Divan dut céder à leurs vœux, et investir Méhémet-Ali du gouvernement de l'Egypte. Le pays était épuisé, les champs dévastés, l'armée sans solde, le désordre à son comble. Bientôt la Porte se tourna contre le nouveau Pacha qu'elle aurait dû soutenir, et une seconde fois l'Egypte toute entière le réclama comme son sauveur.... Sa lutte contre les Mameloucks fut longue et pénible. Ceux qui étaient revenus au Caire y fomentaient de nouveaux troubles. Il fallut prévenir les complots sans cesse renaissans; le salut public et sa propre défense mirent le Vice-Roi dans la nécessité de terminer tant de maux.

Dès-lors l'anarchie cessa, l'ordre s'établit peu à peu; la tranquillité succéda aux agitations, et le pays put enfin renaître. Une nouvelle et riche agriculture fut créée. Les habitudes d'indolence et d'avarice, si ordinaires aux Orientaux, furent bannies de chez les grands, par l'exemple du Vice-Roi. Ses fils se montrèrent dignes de leur père. Une mort prématurée lui en enleva deux; mais cette perte douloureuse ne put amollir son ame, ni arrêter le développement des projets qu'il avait formés pour le bonheur de sa patrie adoptive. Il ne restait à l'Egypte que ses antiques souvenirs; elle n'avait plus de monumens que ceux des temps reculés, plus de commerce que celui des étrangers : des établissemens se sont élevés, qui ne seraient pas déplacés dans les capitales européennes; une armée régulière a été formée, une marine organisée au milieu de guerres coûteuses; et tandis que l'Egypte délivrait l'Orient des Wahabites, qu'elle domptait la Nubie, qu'elle soutenait l'empire ottoman dans une lutte opiniâtre, les produits de son sol entretenaient un commerce immense.

Des canaux d'irrigation et de navigation ont été nettoyés ou creusés ; d'autres construits en entier. Des desséchemens , des digues ont assaini et rendu au travail de vastes terrains. La culture du coton s'est élevée jusqu'à un produit annuel de plus de 150, 000 balles. Des plantations d'oliviers, de vignes, de mûriers promettent d'accroître par leurs richesses les exportations de sucre , d'indigo , de rhum , etc. Les moyens de communication ont été multipliés par l'emploi des bateaux à vapeur, par l'amélioration des routes, et leur sûreté assurée par la soumission des tribus errantes qui vivaient autrefois de pillage. Des manufactures, des fonderies , des ateliers de toute sorte ont été successivement établis à l'instar de ceux d'Angleterre , avec l'emploi des mêmes forces motrices, la division du travail et l'ordre qui assure les succès (1).

La presse, ce puissant moyen de civilisation , étend déjà ses bienfaits sur l'Egypte. Des imprimeries existent, et deux journaux sont publiés en turc et en français.

Méhémet-Ali sait que non-seulement l'instruction est avantageuse aux princes qui règnent par la justice , mais que c'est un devoir pour eux de la répandre dans le peuple. Il a établi des écoles primaires, des écoles élémentaires, des colléges. Les sciences exactes et les sciences naturelles ont de nombreux professeurs. La langue française est enseignée comme le plus utile instrument d'étude; et, depuis plusieurs années, des Egyptiens vont puiser en France et en Angleterre tous les genres de connaissances (2).

L'art de guérir a spécialement attiré l'attention du Vice-Roi ; et il a compris que, dans les circonstances où se trouve le pays, l'enseignement de cet art devait tenir le premier rang. Une école de médecine a été placée dans l'hôpital d'Abou-Zabel, superbe établissement qui peut contenir 1600 lits. Cette école a fourni un grand nombre d'élèves; et des Persans, des Arméniens, des Arabes de l'Yémen y ont été admis (3). La chimie et la pharmacie sont enseignées avec non moins de succes (4). Enfin un conseil de santé veille sur toutes ces institutions (5).

Un ordre parfait a été établi dans tout ce qui tient à la sûreté publique, au respect des personnes et des propriétés. La plus exacte police règne au Caire, ville autrefois si turbulente; et cela sans qu'on ait recours à ces moyens immoraux trop souvent employés en Europe (6).

L'armée égyptienne est homogène, nombreuse et bien exercée. Les Arabes sont braves, robustes, sobres, habitués à la fatigue, et aussi disciplinables que les Albanais ou les Janissaires l'étaient peu. Ibrahim-Pacha est l'ame de cette armée; le coup-d'œil et le sang froid d'un vieux général; sa loyauté, sa noble simplicité, son élan au feu, lui ont gagné le cœur des chefs et des soldats. Bon administrateur, ami des lumières et de la civilisation, Ibrahim est destiné au plus brillant avenir (7).

Indépendamment de la cavalerie régulière qui est excellente, vingt-cinq à trente mille Bédouins bien montés sont à la disposition du Vice-Roi, et rendent de grands services, comme éclaireurs (8).

Des écoles spéciales d'état-major, d'artillerie et de cavalerie, forment des sujets pour ces différentes armes, dont l'organisation se perfectionne tous les jours (9).

Le Vice-Roi a senti de quelle importance serait pour l'Egypte une force navale respectable; il s'en est constamment occupé, et n'y a rien épargné. Sa marine est devenue imposante, et l'emporte sur celles de la Porte et des Etats barbaresques réunies, aussi bien par le personnel que par le matériel. De nombreux navires, neufs, bien gréés, bien armés sont montés par des hommes exercés. Des officiers instruits et éprouvés commandent. Un arsenal magnifique et richement pourvu s'est élevé comme par enchantement sur les plages d'Alexandrie; et des constructions continuelles mettent en mesure de réparer les pertes (10).

Le Vice-Roi d'Egypte a tout fait pour la Porte-Ottomane. Son or, ses soldats, ses vaisseaux ont été sans cesse employés à la défense de cet Etat chancelant ; et tant de services n'ont eu pour prix qu'une noire ingratitude. Les griefs de Méhémet-Ali contre le gouverneur de Saint-Jean-d'Acre étaient notoires : la Porte pouvait faire justice d'Abdallah-Pacha, que naguère elle accusait de rébellion. Loin de là, elle s'est déclarée pour lui, et Méhémet-Ali, à qui on prodiguait les promesses quand on réclamait son secours, a été lui-même traité en rebelle. Une telle politique a rendu la guerre inévitable ; les anathèmes et les proscriptions n'ont point épouvanté le Vice-Roi, parce que sa cause est juste devant Dieu. Mais une fois cette guerre commencée, il n'a plus été en son pouvoir de la faire cesser ; car les populations ont été partout l'auxiliaire de ses armes ; et tandis qu'Abdallah vaincu recevait en Egypte une généreuse hospitalité, Ibrahim-Pacha était appelé comme un libérateur jusqu'au centre de l'Anatolie.

Si le cours des choses eût été libre, l'immense majorité des Osmanlis se serait ralliée autour de l'armée égyptienne, et son général, porté sur les bras du peuple, serait arrivé à Constantinople. Que si l'on demande de quel droit, sans examiner ceux des sultans d'autrefois pour envahir l'Egypte et tous les pays situés de l'Euphrate au Danube, je dirai qu'ici les droits d'Ibrahim auraient été précisément les mêmes que ceux qui ont élevé au trône la famille régnante d'Angleterre et le roi des Français. Ces princes n'ont d'autres titres que le vœu national.

Mais il ne convient pas à la Russie de voir remplacer la cour Ottomane par un gouvernement jeune et régénérateur. A quoi lui aura servi la destruction des Janissaires, si ceux qui restent de tant d'hommes énergiques sont formés en corps réguliers? L'intrépidité naturelle aux Turcs, leurs habitudes guerrières seraient un moyen de salut pour l'empire; la Russie ne veut pas qu'une organisation militaire à l'européenne vivifie ce moyen, et mette obstacle à ses invasions. Ses projets sont patens; il y a plus d'un siècle que la politique moscovite ne varie point. Depuis le traité d'Andrinople, elle *couve* la Turquie comme une proie qui ne peut lui échapper; en faisant partir ses vaisseaux et ses troupes, c'est son propre bien que le Czar a entendu défendre, et non celui du Sultan.

Les autres puissances de l'Europe se sont justement alarmées de la présence des Russes dans le Bosphore, et ont demandé qu'on les renvoyât. Mais tandis qu'elles voulaient repousser l'intervention de la Russie, elles ont cru devoir intervenir elles-mêmes entre Ibrahim qui a pour lui la nation, et l'empereur Mahmoud qui n'a guère que ses favoris et son Divan. Or, Mahmoud est évidemment arrivé à ne pouvoir régner que sous le patronage de la Russie : sa marine est hors d'état d'agir, son armée est sans chefs, dispersée, démoralisée, et ne peut se réorganiser. Entouré de conseillers ignares et corrompus, privé d'hommes capables, en butte à toutes sortes de haines, sans cesse troublé par des révoltes, épuisé par les tributs auxquels il s'est soumis, ce prince n'a plus aucune chance. Son reste de pouvoir et peut-être sa vie sont maintenant à la merci de la première émeute; et personne au monde ne pourrait garantir ni l'un ni l'autre.

Quelle que soit donc la bonne volonté des puissances, rien ne leur est possible pour sauver à la fois et le Sultan et l'empire. Il n'est plus temps. Cette agglomération d'élémens hétérogènes, minée de toutes parts, est près de s'écrouler. Un seul parti reste à prendre pour conserver l'existence des Turcs en corps politique : c'est de travailler promptement à une régénération. Et l'Egypte peut seule l'entreprendre. Elle est entrée dans les voies de la civilisation avec autant de vigueur que de franchise, et l'on sait où elle est parvenue. En contact immédiat avec les nations européennes, l'Egypte s'est approprié leurs arts, s'est enrichie de leurs institutions. Désormais son rôle est de conduire l'Orient.

Il est superflu de démontrer que l'honneur des gouvernemens vraiment nationaux leur commande d'aider au succès de cette grande cause. Dire que les principes sociaux appartiennent à l'humanité tout entière, ce n'est plus énoncer une vaine théorie. Les peuples sont frères comme les hommes. Nous touchons au temps où les intrigues, les subtilités diplomatiques cesseront d'en imposer, et où tout marchera de concert à un grand et noble but, le bonheur de tous. Le droit desgens, aujourd'hui, doit tendre à l'association universelle des nations.

On cessera aussi de perpétuer l'incurie des barbares, sous prétexte qu'elle est profitable aux industriels et qu'on exploite avec eux un commerce plus lucratif. L'intérêt bien entendu de l'industrie est celui de la civilisation ; car les peuples pauvres et paresseux sont de chétifs consommateurs; ils paient mal leurs consommations, et ce qu'ils produisent est peu de chose. Les rapports d'un pays avec un autre acquièrent de l'importance en raison de leur prospérité mutuelle. Et le commerce que l'Europe fait actuellement en Egypte vaut dix fois celui du temps des Mamelouks (11).

Indépendamment de ces motifs, que les bons esprits apprécieront, il est évident que l'intérêt politique, actuel, pressant des puissances, est de soutenir l'Egypte. La France pourrait-elle sans danger laisser s'établir à Constantinople les Russes, ces ennemis constans de sa gloire et de sa liberté ? Pourrait-elle compromettre l'avenir d'Alger, en laissant s'étioler ces germes de civilisation qu'elle a semés la première, alors qu'elle est appelée à policer toute l'Afrique septentrionale ? — Serait-il indifférent à l'Angleterre que la Russie s'emparât d'un point d'appui menaçant pour ses possessions de l'Inde ? de deux mers fermées comme deux bassins, où pourrait se former et s'exercer une marine formidable, qui n'aurait plus rien à redouter de la sienne ? L'Autriche verrait-elle sans crainte les usurpations russes s'accroître de façon à l'étreindre de toutes parts? Et quelles garanties solides, quelles compensations véritables, sa politique défensive pourrait-elle espérer? — Que deviendrait cet équilibre européen qu'on se flatte toujours de maintenir, et le royaume de Grèce, si péniblement enfanté au milieu des machinations czariennes? Enfin, n'est-il pas de l'intérêt de ces trois puissances que l'unique, la culminante position de Constantinople soit gardée sérieusement? Et puisqu'elles ne peuvent en diviser la possession, qu'on s'assure du moins que cette ville ne deviendra pas la capitale d'un État moscovite?

Ces questions sont résolues dès qu'elles sont clairement posées. Or, en arrêtant la marche d'Ibrahim-Pacha, les puissances arrêteront la régénération qui pourrait sauver l'empire ottoman, et placer sur le Bosphore une barrière aux envahissemens russes. Soit qu'elles parviennent ou non à éloigner les forces du Czar, elles doivent s'attendre à le voir se substituer bientôt au Sultan; il ne manquera qu'un prétexte, et lorsque l'occasion se présentera favorable, toutes les notes diplomatiques possibles n'y feront rien. Quand, sans intervenir, on a laissé les Russes passer le Balkan, on a dû prévoir que Mahmoud était perdu. C'est le traité d'Andrinople qui a véritablement marqué le terme de sa puissance, et elle n'existe plus que de nom.

Si, dans de telles circonstances, on ne tenait aucun compte du vœu de la nation; si, laissant de nouveau l'empire Turc à la discrétion de la Russie, on voulait imposer à Méhémet-Ali, vainqueur, des conditions de vaincu, rien ne serait juste ni durable. La Syrie ne peut être séparée de l'Egypte: c'est sous le rapport militaire, sous le rapport maritime, une annexe nécessaire (12). Si l'on divisait la Syrie, tout entière dévouée au Vice-Roi, qui se chargerait de garantir au Sultan la fidélité des populations qu'on lui aurait conservées? Qui pourrait empêcher les habitans d'Alep et de Damas, comme les Druses ou les Naplousains, de se ranger sous la bannière égyptienne ? Le pouvoir de Mahmoud est nul dans ces provinces , et des conventions sur le papier ne lui donneraient pas plus de réalité. Sûrement on n'obligera pas Méhémet à combattre ses amis, à ruiner lui-même ses intérêts.

Ce n'est pas au dix-neuvième siècle , sans doute, qu'on voudrait ressusciter un système de *suzeraineté*. Suzeraineté, d'ailleurs, suppose protection ; or c'est l'Egypte qui a protégé et défendu la Porte. Le droit est ici factice, illusoire ; et l'on serait absurde, en exigeant que la force s'abaissât devant la faiblesse et la caducité. La Porte, vassale en réalité du Czar , ne peut plus avoir de vassal ; et l'Egypte, émancipée par la civilisation , comme par la victoire , doit poursuivre, indépendante, le cours de ses glorieuses destinées.

Depuis la première édition de cet écrit, Méhémet a été investi du gouvernement de toute la Syrie , et son fils nommé mohassil de la Caramanie maritime. A cette heure l'armée égyptienne a repassé le mont Taurus. Quant aux forces russes, l'empereur Nicolas s'est engagé à les rappeler, et sans doute il tiendra parole. Mais cette retraite ne lui ôtera ni son influence sur le gouvernement turc, ni les moyens de faire occuper de nouveau Constantinople, à la première occasion. Déjà les Russes interdisent aux escadres de France et d'Angleterre l'entrée des Dardanelles. S'ils s'y établissent un jour, ainsi qu'on doit le craindre , si les obstacles apportés à la régénération des Ottomans portent leurs fruits, l'Europe regrettera d'avoir commis une faute politique irréparable.

NOTES.

(1) L'industrie, le commerce intérieur et extérieur sont, ainsi que les affaires étrangères, sous la direction de M. Boghos-Bey, ministre d'un rare mérite et dont la célébrité est européenne. Son vieil attachement pour le Vice-Roi fait l'éloge de tous deux en un mot; car combien y a-t-il de princes qui conservent un ministre autant d'années?

M. Georges Gibara, dans l'administration particulière du commerce, déploie aussi une habileté peu commune. Son intégrité égale ses talens.

Pour tout ce qui tient à l'industrie, à l'agriculture, à l'administration, aux travaux publics, l'Égypte a toujours trouvé une franche et active coopération dans M. Briggs, autrefois consul britannique, et maintenant l'un des négocians les plus distingués de Londres; dans M. Drovetti, qui a si long-temps représenté la France ; dans l'estimable M. Tourneau, que le Vice-Roi chargea, en 1824, d'une mission importante, etc. Aujourd'hui M. le consul-général Mimaut, dont les lumières et le talent sont connus, remplace M. Drovetti avec autant de zèle que lui pour la civilisation.

Parmi les voyageurs qui ont visité l'Égypte depuis le célèbre Champollion, M. Alexandre Delaborde, député, a servi chaudement sa cause. MM. Michaut, de l'Académie française, Taylor, Pariset, etc., ont contribué à la faire connaître et à l'aider. Je dois dire aussi que madame Saint-Elme a su tout apprécier ; qu'en général elle a bien jugé les choses, et en a parlé avec autant d'exactitude que d'esprit.

(2) Les élèves de Paris ont pour chef Mohammed-Emyn-Effendi, musulman très-distingué, qui joint l'exemple au précepte. C'est le savant M. Jomard, de l'Institut, qui surveille les études. D'autres jeunes gens s'instruisent dans les arts industriels à Lyon, où ils sont recommandés à l'un des principaux négocians, M. E. Gautier. Ceux d'Angleterre sont sous la direction de M. Briggs.

La plupart des jeunes gens envoyés en Europe y ont profité d'une manière remarquable. Parmi ceux de retour à Alexandrie, et qui s'y rendent fort utiles, je citerai, dans l'administration de la guerre, Ahmet-Effendi , parent de Son Altesse, et Mustapha-Effendi-Muhtar; dans la marine, Hassan-Effendi, actuellement capitaine de vaisseau ; dans l'administration civile, Artin-Effendi et Stephan-Effendi ; Cheyk-Refaäh, qui professe le français à Abou-Zabel ; Ahmet-Youssouf, chimiste ; Halil-Mahmoud, agronome, et bien d'autres.

(3) Ces résultats ne surprennent point, quand on connaît le dévouement, l'infatigable activité du fondateur, M. Clot-Bey, qui est directeur de l'école et de l'hôpital. Il a été secondé par M. Duvigneau, dont le caractère et la philanthropie relèvent le savoir ; par le savant M. Célésia , physicien, chimiste et minéralogiste; par M. Chérubini, homme d'un talent éminent, aujourd'hui médecin en chef de l'armée d'Ibrahim-Pacha. M. Anhuri, traducteur habile, a assuré les succès des professeurs : il a été, dès la fondation, l'un des soutiens de l'établissement.

L'école d'Abou-Zabel a trouvé des coopérateurs dans plusieurs ulémas chargés de réviser les traductions, et qui s'acquittent de cet important travail avec autant de zèle que d'intelligence. Tels sont le cheyk Mohammed-el-Errawi, l'un des ministres de la religion les plus instruits et aimant la civilisation ; écrivain dont le style est aussi élégant que pur ; Seyed-Ahmet-er-Rachidi, homme éclairé, exempt de préjugés, avide d'instruction, qui pour perfectionner ses études médicales, s'est joint aux élèves amenés dernièrement à Paris par M. Clot-Bey, et Hussein-er-Rachidi, que l'amour de l'étude a conduit aussi dans cette capitale. Le caractère sacré dont sont revêtus ces jeunes gens donnera une haute influence à leurs enseignemens en Égypte.

(4) L'école de Pharmacie est dirigée par M. Luigi Alessandri, inspecteur du service pharmaceutique de l'armée. M. Alessandri est un homme du plus grand savoir ; il accueille fort bien les Européens.

La botanique est enseignée par M. Figari, que ses découvertes de plantes nouvelles ont recommandé aux amis de la science.

(5) Feu M. Bosari, premier médecin de Son Altesse, était président du conseil de santé. Le plus ancien des médecins qu'ait eu Méhémet-Ali, il ne varia jamais dans l'attachement désintéressé qu'il lui avait voué dès le principe. Les vertus, l'intégrité, la bienfaisance de M. Bosari étaient l'objet des bénédictions de toute l'Égypte, qui l'ont accompagné dans la tombe. C'est M. Clot-Bey qui le remplace à la présidence du conseil de santé.

M. Antoine Gibara, secrétaire du Conseil, dirige sous M. Clot-Bey, président et inspecteur général, ce qui tient à la santé publique, avec tout le talent et l'activité possibles ; il se fait remarquer par une urbanité et une bienveillance parfaites. Les autres membres du conseil de santé, sont M. Alessandri, M. Gaëtani, ancien professeur à Abou-Zabel, et M. Dibaggi.

M. Martini, ancien médecin ordinaire du Vice-Roi, homme d'un savoir et d'un esprit distingués, a rendu de grands services, en contribuant puissamment à l'organisation de tout le service médical.

(6) Habib-Effendi, ministre de l'intérieur, est spécialement chargé de la police. Il est ferme, éclairé, et prend l'équité pour règle plutôt que la lettre de la loi. Depuis qu'Habib-Effendi est kyaya, les condamnations sont plus rares et l'ordre mieux établi.

(7) Abbas-Pacha, petit-fils du Vice-Roi, montre une grande valeur et un talent précoce. Ce jeune prince est un des généraux les plus aimés des soldats, et marche sur les traces de son oncle Ibrahim.

Ahmet-Pacha, neveu de Son Altesse, est inspecteur-général et gouverneur de la Mecque. Aussi habile qu'intrépide, il aide de tout son pouvoir au développement de la civilisation.

Le ministère de la guerre est conduit avec un rare talent. La comptabilité en a été organisée, et elle est dirigée par M. Haragli, ancien officier supérieur au service de France, que ses connaissances en arabe rendent doublement utile. Les livres de comptes sont tenus en parties doubles, comme dans les autres administrations. M. Kœnig de Paris, orientaliste, qui a traduit plusieurs traités de sciences militaires avec beaucoup de succès, est attaché au même département. Il doit être chargé de la direction du *Moniteur Egyptien*.

Chérif-Bey, gouverneur de la Haute-Égypte, se distingue non-seulement par son habileté et l'élévation de son caractère, mais encore par son zèle pour la civilisation, dans les intérêts de laquelle il est entré l'un des premiers. Il protége spécialement les Européens.

Une foule d'officiers de l'armée se feraient partout remarquer : Ettem-Bey qui dirige l'arsenal du Caire avec un grand talent ; Soliman-Bey qui a tant contribué à l'organisation des troupes ; les généraux Sélim-Bey, Khurchud-Bey, Abdallah-Bey, etc.

(8) L'école de cavalerie est sous la direction de Kiani-Bey, colonel plein d'instruction et de bravoure.

(9) Une école vétérinaire propage les saines théories, et, en substituant à la routine les vrais principes de l'hippiatrique, rend de grands services

pour la cavalerie. Elle est dirigée par l'habile et actif M. Hamont, dont la réputation est faite depuis long-temps.

(10) Le corps de la marine compte des sujets du plus grand mérite. Plusieurs Anglais, le cap. de v. Besson, et d'autres Français y servent avec distinction. L'amiral Osman-Noureddin-Pacha est un homme supérieur, connaissant plusieurs langues, qui s'est parfaitement instruit en Europe, et qui aime la civilisation. Il a organisé la marine avec autant de persévérance que de jugement; et son habileté, son courage, le rendent digne de la commander.

On sait que l'arsenal d'Alexandrie est l'ouvrage de M. de Cérisy, ingénieur désormais célèbre, qui a construit et lancé tant de superbes vaisseaux de 130, 100 et 80 canons, avec autant d'habileté que d'économie. L'activité qu'il a donnée aux chantiers est incroyable.

(11) Un fait qu'on s'obstine trop à méconnaître, c'est que le commerce du Levant n'a pas cessé de décroître depuis bien des années. Les Échelles doivent constamment à l'Europe des sommes très-considérables, et il ne serait pas facile de liquider ce commerce. La supériorité de l'agriculture de l'Égypte et une bonne administration ont rendu sa situation toute différente.

(12) Bonaparte l'avait bien compris. L'Égypte n'est pas défendue à sa frontière de Syrie. Sa marine a besoin des ports de cette côte et des bois de construction qu'elle fournit. Les ressources d'Adana en ce genre et la nécessité d'une ligne de défense au revers du Taurus, sont les motifs qui ont fait insister Ibrahim-Pacha pour ce district dont on a tant parlé. Du reste la Syrie ne pourrait se passer de l'Égypte, et ces deux pays ont également intérêt à être unis.

IMPRIMERIE DE HENRI DUPUY,
rue de la Monnaie, n. 11.

www.ingramcontent.com/pod-product-compliance
Lightning Source LLC
Chambersburg PA
CBHW061636050726
47595CB00007B/3224